CREATIVO

O

REACCIONARIO

ELÍ HERNÁNDEZ

Copyright ©2023
Todos los derechos reservados. Se debe obtener el permiso por escrito del editor para reproducir cualquier parte del libro.
Impreso en los Estados Unidos de América

ISBN: 9798399150611

10 9 8 7 6 5 4 3 2 1

EMPIRE PUBLISHING
www.empirebookpublishing.com

ELOGIO ANTICIPADO

El ministerio de Elí Hernández ha ayudado a miles de personas a través de los años. Parecía como que podía ver cosas en el Espíritu —y nosotros queríamos saber más sobre lo que veía. Este libro nos abre esas puertas para adquirir discernimiento espiritual a cosas que, con frecuencia, hemos contemplado. Al leer este manuscrito, me di cuenta de que este libro podría ser un *"cambio de juego"* para muchos. El día que lo recibí y lo leí, se lo envié a un hombre que estaba pasando por la prueba de su vida. Al leerlo, su respuesta fue: "Esta lectura realmente me bendijo y me dio una nueva perspectiva". La forma en que veía su dificultad, se transformó. Léelo y pásalo a los que están en la batalla hoy para impartirles ayuda y esperanza.

Pastor Randy Blizzard
Licensed Clinical Christian Counselor, **Las Vegas, NV**

Elí Hernández caminó en lugares donde muy pocos hombres han estado. Habló de algunas cosas que vio; sin embargo, la mayor parte de las veces, se las guardó para sí mismo y no nos las reveló. Lo que hizo fue mostrarnos el camino para que pudiéramos entrar en esos lugares y obtener nuestras propias experiencias en Dios. Este libro nos enseña cómo quitar nuestra atención del mundo carnal y su vida reaccionaria, y dirigirla hacia el ámbito creativo celestial. El hermano Elí Hernández nos revela la perspectiva adecuada que debemos tener ante cualquier situación difícil. Este libro cambiará tu caminar espiritual y, te ayudará a mantener tu enfoque donde debe estar.

En memoria de este gran profeta de Dios—

Michael Mendenhall, M.B.A.
Pastor Soldotna Pentecostals, Soldotna Alaska/
Abba Father Christian fellowship, Kodiak Alaska

Cuando uno se encuentra con una persona apasionada, esa pasión se contagia y provoca entusiasmo. El hermano Elí Hernández era un hombre apasionado por Dios y Su Palabra. De niño, lo recuerdo ministrando en mi iglesia local. Yo me intrigaba de cómo este hombre —dotado de Dios – compartía la Palabra. Caminaba por los pasillos, ministrando a la gente con confianza, predicando el evangelio a todos, pero siendo lo suficientemente sensible para ministrar a los miembros individuales de la congregación.

Más tarde, tuve el privilegio de presentarlo a la congregación que el Señor me había llamado a pastorear. Ya los dos éramos mayores de edad, sin embargo, su capacidad para despertar la pasión se mantuvo. Él era más que un predicador itinerante: era un hombre que amaba a Dios, comprensible, apasionado, profundo, agradable, humilde y enfocado. Él impactaba a la gente a amar más, a buscar más y a vivir en la luz. En la vida, su apasionada entrega de la Palabra le hacía querer profundizar.

Este libro no es diferente. Que todos los que lo lean se animen a caminar por los lugares que Dios nos ha llamado a pisar.

Philip Spellman
Senior Pastor, Harrison Hills Church, Jewett, OH

Al leer *"Creativo o reaccionario"*, se verá desafiado una vez más en pensar y sentir dimensiones a las que raras veces accedemos — aunque el autor de continuo lo hacía. Los conceptos espirituales que se presentan en este libro dan un giro a nuestra forma de pensar para obtener una verdadera relación con Dios que traerá lo creativo a nuestra vida y ministerio. Como sólo el hermano Elí Hernández podía hacer, nos ha mostrado que, aunque el infierno es reaccionario, el Cielo es creativo. Es hora que la iglesia aprenda a echar mano a lo creativo de Dios en nuestras vidas.

Pastor Ryan Crossley
The Rock Church of Hollywood, Hollywood, Florida

Las palabras que usted encontrará aquí —enriquecerá su vida. *CREATIVO O REACCIONARIO* impartirá perspicacia espiritual y principios bíblicos que revolucionará su vida de oración. Que se alinee divinamente al leer sus páginas. Es mi privilegio recomendarle este libro que últimamente fue predicado por mi estimado mentor evangelista. Gracias hermana Kathy Hernández y hermana Charity, por tomar el tiempo de transcribir este tesoro, otorgándonos este ¡inestimable regalo!

Evangelist Ethan Hagan
The Life Church of Kansas City

"CREATIVO O REACCIONARIO" es un libro que dio luz mediante un mensaje predicado por el profeta Elí Hernández en el estado de California. Recuerdo muy bien este mensaje porque estuve presente en ese culto. Era sin duda que la revelación fluyendo era directamente de la sala del trono.

Al leer este libro, me sentí enteramente agradecido que la hermana Hernández obedeció la orden profética. Es obvio que este libro no es cualquier libro, sino más bien, una expresión profética de instrucciones a la Iglesia de los Últimos Tiempos de hoy. Cualquiera que sea la etapa de su caminar con Dios en la que se encuentre actualmente, querrás leer esta palabra de Dios. Cambiará tu perspectiva hacia el mundo espiritual y tu papel en él. En verdad —¡es una lectura imprescindible!

Ezekiel Rodriguez
Senior Pastor, First Family Community Church,
National City, CA

CREATIVO O REACCIONARIO fue un mensaje que se predicó en la Conferencia "Impartir "el año 2018. Al escuchar, me hallé tratando de escribir cada palabra hablada.

Estoy agradecida que la hermana Hernández hizo caso al instado del Espíritu de transcribir el mensaje en un libro. Ya no tengo unas cuántas apuntes, sino más bien, tengo todas las revelaciones otorgadas ese día.

La metamorfosis espiritual que dio inició en esa reunión, ahora ha procesado un cambio de mi vida. Este libro no es justo un libro de cualquier lectura, sino un proceso de transformación. Léelo, ora, arrepiéntete, explóralo. ¿Por qué? Para cumplir Su voluntad de la cosecha en estos Últimos Tiempos, necesitamos alinearnos a Su creativa manera de pensar.

Dalila Rodriguez, M.A. Ed. Curriculum and Instruction
Teacher and licensed minister, National City, CA

Yo tuve el privilegio de ser presentado y conocer íntimamente al difunto profeta, Elí Hernández. Los memorables viajes a ultramar, las Filipinas y Australia; presenciando muchos milagros y aprendiendo de este gran hombre de Dios, ¡fue realmente un cambio de vida! Él era un mentor y un amigo.

Yo recuerdo con claridad la noche que predicó esta revelación del poder creativo de Dios en una de las Conferencias "Impartir", que nuestra iglesia hospedó, y estoy tan agradecido que estamos en una jornada excitante de aprender y explorar estas cosas "nuevas" que el hombre de Dios habló e impartió a nosotros.

Este libro retará su perspectiva espiritual, y aun lo refinará más durante tiempos de desafíos. Cuando afrentando dificultades, nuestra tendencia es reaccionar. Por lo tanto, al leer este libro, le animará a no reaccionar, mas percibir lo que el Creador, el Señor Jesucristo, ha soltado en su vida. Le cambiará de ser sencillamente reaccionario a desarrollarse en las dimensiones creativas de Dios.

Pastor Nonoy Lachica
Spirit & Truth Lighthouse, Mission Viejo, CA

Mi estimado amigo, Elí Hernández, nació con el propósito del Reino. Él era un guerrero que animaba a su equipo de intercesores a pelear del punto ventajoso en los *"lugares celestiales en Cristo Jesús"*. Este punto de ventaja compelía al hermano Hernández ver por los ojos de Jesús, otorgándole revelación con respecto a la respuesta hacia la creatividad– reaccionario.

Hay un hambre creciente en la gente para recibir sabiduría y entendimiento. Esta es la hora de la Iglesia–necesitamos oír la voz de Dios. Yo ruego que el mensaje de *Creatividad o reaccionario* llegue a lo más profundo de la Iglesia retándonos y motivándonos a la profundidad de la dimensión de Jesús.

Este libro está lleno de lecciones de la vida en tiempo real y tremendas perspectivas espirituales. CREATIVO O REACCIONARIO revela el deseo intenso del autor para describir un concepto que nos retará a obtener una percepción del Reino cuando tratando con el enemigo, mientras Dios pone en nosotros lo creativo para futuros encuentros.

Gracias Kathy y Charity Hernández, por laborar a poner este mensaje intemporal por escrito. Es valioso, profundo y ungido– palabras escritas con una creativa fuerza poderosa.

Que nuestra responder a lo que enfrentemos sea la creativa Palabra de Dios y no la respuesta reaccionaria del enemigo.

Donna Ten Eyck
Speaker, Prayer Coordinator, Office Administrator,
MS District UPCI

CONTENIDO

ELOGIO ANTICIPADO 1
PRÓLOGO 7
PREFACIO 8
INTRODUCCIÓN 11
Capítulo uno 13
Capítulo dos 18
Capítulo tres 22
Capítulo cuatro 27
Capítulo cinco 31
Capítulo seis 37
Capítulo siete 41
Capítulo ocho 46
Capítulo nueve 50
Capítulo diez 53
Capítulo once 56
Agradecimientos especiales 61
Sobre el autor 63

PRÓLOGO

Elí Hernández ocupó un lugar muy especial en el Reino de los Cielos. Sus mensajes fueron informativos en respecto al funcionamiento del Reino y sus milagros, hazañas y maravillas sobrenaturales. Junto con estas revelaciones, hubo impartición y entendimiento cuando el hermano Elí Hernández predicaba. Yo, estando en una de estas reuniones, oí el mensaje CREATIVO O REACCIONARIO. Me dejó atónito por la profunda revelación sobrenatural que hubo en este mensaje. Al escuchar, el Señor me habló: "Este es un mensaje que se convertirá en un libro del cual miles recibirán revelaciones".

Recomiendo encarecidamente que este libro se encuentre en las estanterías, en los hogares y en los corazones de cada santo de Dios. Al leer este libro, siempre recibirás nuevas y profundas enseñanzas en tu caminar con Dios que te permitirá pasar del terrenal a lo espiritual. Revelará algunos de los secretos de tu enemigo con quien peleas a diaria, en adición, verdades de cómo apoderarse de el terreno elevado. Este libro valdrá cada dólar que gastarás para conseguirlo.

Tu siervo,
Gordon Winslow, Sr.

PREFACIO

Fue en un culto, un jueves por la mañana, el mes de octubre 2018; que nos reunimos con entusiasmo para oír una Palabra del Señor. La 'Conferencia Impartir', celebrada en *Spirit and Truth Lighthouse*, en la ciudad de Mission Viejo, California, había crecido en asistencia de año en año. El hambre por el movimiento espiritual de Dios había aumentado hasta el punto de que un culto matutino entre semana de trabajo, ¡se llenaba!

Esa mañana, a predicar, Elí Hernández, este mensaje, *"Creativo o reaccionario"*, la afirmación del Espíritu de Dios en el santuario aumentó de continuo. El poder de Dios fue tremendo, y la atmósfera celestial siguió intensificándose hasta la culminación del llamado al altar, donde todos los presentes inundaron el frente del edificio en oración. Pudimos sentir el deseo unificado entre nosotros de seguir el fluir de Dios, ya que ese deseo nos unió a todos en una efusión de oración. Muchas vidas fueron cambiadas y reanimadas tremendamente por este mensaje poderoso.

El reverendo Gordon Winslow—durante el siguiente culto —empezó a hablar en una expresión profética. Él declaró que el mensaje entregado por Elí Hernández esa mañana, "[…]¡tiene que ser un libro!" Me lo tomé a pecho, y lo escribí en mis notas, y más tarde pedí por la grabación audio acerca de este mensaje: *"CREATIVO O REACCIONARIO"*. Lo guardé en un lugar seguro, esperando la unción del Espíritu Santo para dar inicio de transcribir este material en un libro —todo para la honra y gloria del Señor Jesucristo.

Dieciocho meses pasaron —llenos de viajar y ministrar —y muy pocos descansos. ¡Repentinamente! …todo se detuvo de forma abrupta, a causa de que la pandemia COVID-19 dio su golpe.

En marzo del año 2020, Elí Hernández fue hospitalizado (debido a una fiebre alta que no se le bajaba, y una creciente dificultad para respirar)—al rato el ventilador —luego la UCI —y luego un coma inducido. Después de 45 días en cuarentena, el evangelista Elí Hernández, fue llevado al cielo, acompañado por una gran compañía de ángeles —sin duda, oyendo las palabras: *"Bien hecho, siervo bueno y fiel"*. Tu trabajo aquí sobre la Tierra, se cumplió. Luego nosotros, *"...los que vivimos, los que hayamos quedado..."* debemos continuar a seguir la voz del Señor y las sendas que Él estableció para cada uno de nosotros seguir.

Tras el fallecimiento del autor, el Señor con claridad me habló: "Tres libros." El primer libro se materializó pronto, ya que el reverendo Adán Martínez vino conmigo con la transcripción de las lecciones de Elí Hernández para jóvenes y adultos jóvenes. Sentimos la confirmación de parte del Señor de publicar las transcripciones, y en el mes de marzo del 2021, *"Manteniendo la operación divina"* se publicó. Unos meses después: *"Un mundo más allá de las estrellas"* fue publicado. Este libro, escrito por Elí Hernández, estaba en el proceso de ser editado cuando él falleció.

Yo sabía que el tercer libro se titularía: *"Creativo o reaccionario"*. Debo decir que transcribir este material no fue fácil. Es desgarrador oír la voz de un ser querido que ya no habita sobre la tierra. Mas, con la ayuda del Señor, y saber que esto es Su diseño —ambos por la Palabra profética y Su Espíritu en oración — hemos hecho nuestro mejor para representar este mensaje en forma de un libro.

Es muy interesante notar que a cierto punto en este libro, el autor declara que él estaría enseñando estos conceptos "por todo el mundo". Mirando hacia adelante, me pregunto hasta dónde llevará Dios estos mensajes ahora que están escritos. ¿Será esto una profecía que se está cumpliendo de una manera que nunca hubiéramos podido imaginar? Nuestro Señor tiende a darnos palabras y promesas —y nos aferramos de ellas con entusiasmo esperando su cumplimiento. ¡La locura es que casi siempre pasan en una manera que nunca jamás hubiéramos imaginado! Siempre es más grande, más mejor, más celestial y más de lo que podríamos pedir o pensar.

Como nos dice el verso en Efesios 3.20-21:

"Y a Aquel que es poderoso para hacer todas las cosas mucho más abundantemente de lo que pedimos o entendemos, según el poder que actúa en nosotros, a él sea gloria en la iglesia en Cristo Jesús por todas las edades, por los siglos de los siglos. Amén."

Qué maravilloso es nuestro Salvador Jesucristo, lleno de maravilla y poder, que nos ama y nos lleva a lugares celestiales. ¡A Él sea toda la gloria! Mayor cosas hay para nosotros explorar —el Señor obrando junto con nosotros, al frente de nosotros, dirigiéndonos acercándonos más a Él, con el fin de llevarnos *"...por todos los siglos."*

Camina hacia la luz, deléitate en Sus caminos; que la gloria de Dios dirija tus pasos. Suplicamos que este libro te inspirará a buscar al Señor a diario descubriendo nuevas revelaciones en Él; que la voluntad de Dios se cumpla aquí sobre la Tierra como en el Cielo.

En Su servicio,
Kathy Hernández

INTRODUCCIÓN

En Romanos 1.11, Pablo dice: "[...], *para comunicaros algún don espiritual*. Él escribió estas palabras al tiempo que estaba encarcelado, diciendo: *"Porque deseo veros, para comunicaros algún don espiritual* [...]."

¿Puedes imaginarte estar todavía de 'buen ánimo' deseando a ministrar a otros mientras encarcelado?

¿Imagínate la disposición que alguien tendría que tener, todavía atrapado en una prisión y, seguir sintiendo una pasión para ministrar a otras personas?

La mayoría de personas, mientras están en su 'propia prisión' no tienen ningún deseo de ministrar a nadie más; prefieren que alguien más les ministre a ellos. Mas Dios dijo: "Pablo, te voy a enseñar algo completamente diferente. En Mi Reino — sin importar qué es lo que te tiene atrapado (o lo que parece tenerte atrapado), aquello que parece tenerte encerrado o bloqueado —vas a lograr a tener una capacidad más allá de lo común y lo normal. Vas a querer ministrar a la gente aun estando encarcelado, dejado por muerto, naufragado, hablado por tus hermanos, viviendo con presos y amarrado con cadenas en el camino para ir a ser juzgado en casa de un gobernador común.

Hay una dimensión de Dios que tiene la habilidad para levantarnos a un lugar llamado 'el sobrenatural'. Recibir la ayuda sobrenatural del Reino es la única manera en que puedes desear impartir a otros estando atrapado en circunstancias o en una prisión.

El propósito de Dios es no ser centrados en nuestra prisión, sino centrados en nuestra misión: *"Y les dijo: Id por todo el mundo; predicad el evangelio a toda criatura."* Dios desea que nosotros lleguemos a ese lugar, donde lo que afecta y ataca nuestras vidas, no venga a ser el producto principal —o el enfoque principal —de nuestras mentes.

No importa lo que nos pase, nuestro enfoque se mantendrá en el Reino de los Cielos y nuestro propósito aquí en la Tierra.

Capítulo 1

Yo tenía una amiga cercana que estaba poseída de siete demonios. Esos espíritus la arrojaban al suelo con espuma blanca saliendo de su boca seca y su lengua. Veía cómo los hombres de Dios luchaba con ella, orando fervientemente para que fuera liberada. Ella, quizá, era de 5' 2''; sin embargo, aventaba a esos hombres como si fueran juguetes. Yo vi todo esto a los quince años —bien atónito. Después de una temporada, al final pudieron controlar la situación. Mi amiga fue liberada. Ella tuvo la victoria—y por fin, empezó a hablar en otras lenguas apaciblemente.

Eso no es difícil de creer, ¿verdad?

Ahora escuchen esto: mi esposa y yo estuvimos orando de tres a cuatro horas en un edificio en el estado de *Wyoming*. Tres años ya habían pasado ahí sin que alguien recibiera el Espíritu Santo. El Pastor estaba bien desanimado— estaba por marcharse ya.

Mientras orábamos, el Espíritu Santo empezó a moverse. Alrededor de la tercera hora de orar, el poder de Dios empezó a dirigirme a mí y a mi esposa; esto fue durante del día antes del culto de la noche; y Dios comenzó a hacer cosas milagrosas y hablar proféticamente.

Cuando Dios comienza a moverse así, yo no trato de 'entenderlo', trato de absorberlo y contemplarlo.

Cuando Dios comienza a moverse en venas sobrenaturales, no trates de averiguarlo…recíbelo. Absorbe lo que está sucediendo, porque Dios en realidad, está construyendo capas en ti que serán "desatadas" (descubiertas o traídas al frente) más adelante, para que Él pueda usarlas. El hermano *Billy Cole* siempre me decía: "Hijo, recuérdate que algunas cosas son enseñadas…otras se captan".

Toma nota: cuando tú estás en ambientes donde el Espíritu de Dios se está moviendo, no te fijes en la cantidad de la multitud. No midas el fluir basado en lo que tú piensas que miras; mejor, mídelo por lo que está viniendo sobre ti…porque Dios te está soltando capas.

Algunas de esas capas no se usarán por años. Algunas de esas capas no se usarán en ti por años, pero diez años más adelante— Dios soltará una de las capas. Se trata de lo que hay en tu espíritu, y Dios es el que lo pone ahí por un tiempo. Es menester que Él pase por alto a nuestro cerebro, porque si trataría de explicárnoslo —¡algunas cosas simplemente no las recibiríamos!

Por ejemplo, si Dios me hubiera dicho que yo iba a ir a Etiopía a predicar ante 300 000 a 500 000 etíopes diez años antes de acontecer —yo no lo creería. Así que, Dios tuvo que pasar por alto mi mente, meterlo en mi espíritu y darme un sueño (y no de pizza).

Diez años después de ese sueño, estaba parado en frente de una muchedumbre en Etiopía. Cuando me acerqué al púlpito y vi a la masa de gente—entonces recordé el sueño. Al instante, Dios conectó los diez años y dijo: "¿Recuerdas? Este es el momento que puse en ti hace diez años." Dios puso la capa en algún lugar de mi espíritu hace todos esos años para destaparla en su momento perfecto.

Necesitamos acostumbrarnos a estas cosas. Hay algo cambiando en la línea de tiempo atmosférica de Dios.

Anteriormente, los tiempos y las sazones no estaban alineados para escribir acerca de estas cosas. (*Todo tiene su tiempo, y todo lo que se quiere debajo del cielo tiene su hora.*" Eclesiastés 3.1)

Sin embargo, Dios ha hecho algo desde el 24 de septiembre del 2018. Dios hizo algo conmigo y por mí y empezó a hablarme, desatando cosas que habían estado en espera durante una temporada. De hecho, ya ha cambiado; y creo que es menester alinearnos con lo que Dios ha cambiado.

Volvamos a nuestra reunión de oración en Wyoming. Habíamos estado orando durante horas. Yo estaba sentado en un pasillo, y de repente, sentí una gota en mi brazo. Yo llevaba puesta una camisa de mangas cortas. Miré al techo y luego bajé la vista hacia mi brazo. Había una gota de sangre en mi antebrazo.

Mi mente natural me decía: "Hay líneas hidráulicas en la iglesia. ¿Por qué hay líneas hidráulicas en la iglesia?"

Mi ser espiritual decía: "¿De qué estás hablando? ¡Estás en la presencia de Dios!"

Entonces, caí en cuenta —"¡Esto es una gota de sangre — de Dios!"

Después de leer este evento —¿Qué hace tu cerebro?

Algunos de ustedes están tratando de figurar la situación. No tuvieron que hacer eso cuando les hablé de los demonios; solo hicieron eso cuando hablé de la fluidez sobrenatural en lugares celestiales. No es porque están dudando, sino porque así fuimos entrenados. Hemos sido entrenados para aceptar un discurso reaccionario pero no hemos sido entrenados para aceptar un discurso creativo.

El Señor me habló diciéndome: "Creativo. Reaccionario. ¿Cuál eres tú?"

Yo respondí: "Tú dime.Tú me creaste." Cuando Dios hace una pregunta, no es como si Él no conociera la respuesta. Cuando Dios me hace una pregunta, yo comienzo a reflexionar. Yo no soy lo suficiente ignorante para pensar que Dios no conoce la respuesta. Él está haciendo la pregunta porque está tratando de indagar algo de mí. Está tratando de obtener algo de mí, de hacerme admitir o enfrentarme cara a cara con algo.

¿Por qué querría Dios hacer eso? Porque Él quiere transformar la manera de cómo pensamos. Dios nunca hace preguntas justo porque quiere darnos una respuesta. Él hace la pregunta para cambiar nuestra mentalidad sobre un tema en particular, porque todavía no está completamente cambiada en lo que Él quiere que sea.

Si alguna vez Dios te hace una pregunta, no pienses simplemente que quiere tener una conversación agradable contigo. La razón de ese planteamiento es porque Él está a punto de transformar algo en tu vida. Es como cuando Le hizo la pregunta a Ezequiel en el capítulo 37.3, *"¿Vivirán estos huesos?"*

Dios no le estaba pidiendo una respuesta de "sí o no." Más bien, estaba creando una plataforma por lo que iba a transformar. Dios estaba a punto de hacer que esos huesos se juntaran y que la piel cubriera esos huesos. Estaba a punto de decirle a Ezequiel: "¡Habla al viento!"

Ezequiel estaba a punto de mirar lo creativo acontecer; y para que lo creativo tome lugar —Dios requiere "participación". Dios puede obrar lo creativo sin nosotros, pero no quiere. Dios quiere que "participemos", así venimos a ser participantes de lo creativo porque Dios es creativo.

Por otro lado, el infierno no puede crear nada. El infierno no es un creador, tampoco tiene la habilidad para crear. El infierno es reaccionario. Entonces, si siempre nos basamos en reaccionar, nunca entraremos en lo creativo. Dios está tratando de conseguir a su Iglesia dejar de estar enfocada a lo que nos ataca, para llegar a ser más atentos a lo que Él nos está creando.

Quisiera abrir tu entendimiento aquí: Todo lo que el infierno hace es una reacción a lo que Dios ha desatado ingeniosamente. Así que, cuando funcionamos como resultado de un ataque, ¿cuánto de Dios vemos realmente? Cuando nos centramos en el ataque del enemigo, ¿cuánto estaremos perdiendo?

Dios me ha dado pequeños fragmentos de esto a lo largo del camino. Me da vistazos porque está tratando de entrenarme. Este concepto no fue enseñado en mi niñez.

En aquellos tiempos, apenas aprendíamos acerca de los dones de la fe y no mucha enseñanza acerca de los milagros en masas. Había muy pocos hombres enseñando sobre hazañas milagrosas; tal y como 100 000 personas recibiendo el Espíritu Santo en un solo culto.

Raras veces se hablaba de los principios de Hechos 2; mientras que Dios intentaba de enseñarnos los principios de Hechos 16 y 19 donde se enviaba un pañuelo y alguien se sanaba, o demonios huían o una ciudad entera ponía su atención en Dios.

Capítulo 2

¡Creativo! Qué si Dios pudiera captar la atención de la Iglesia y ponerla donde Pablo decía que la pusiera. En Efesios 2.6, Pablo escribió " [...] *y asimismo nos hizo sentar en los lugares celestiales con Cristo Jesús* [...]".

Pablo sí se sentó en "los lugares celestiales". Cuando estás "sentado en los lugares celestiales", no pasas discusiones con el 'infierno'. Cuando estás en lugares celestiales, estás pasando conversaciones angelicales, creativas, milagrosas y de dominio.

¡La mayor parte de lo que Pablo escribía fue escrito durante estar en la prisión! Una forma de obtener conversaciones angelicales, estando en una cárcel, es por medio de cantar alabanzas hacia Dios. Cuando Pablo y Silas estaban en la cárcel y empezaron a cantar alabanzas celestiales, Dios obró lo milagroso por automatización y no por petición.

La petición te consigue una respuesta de parte de Dios—pero, considera la mayoría de las peticiones. La mayoría de las peticiones son de el prefacio de la reacción, como en: "¡Dios, esta persona fue atacada! Necesita ser librado." O, Dios, esta persona tiene un bebé que está al precipicio de morirse.

Reflexione sobre esto: Dios extendió la pierna de un hombre dentro de cuarenta minutos durante el avivamiento de la *Calle Azusa*...desde su rodilla hasta su pie—esto significa que Dios creó un pie nuevo. Los que estaban alrededor de él le dijeron: "Dios no te puede sanar si crees que necesitas esa prótesis —así que, "¡quítatelo!" Se la quitaron y oraron por él. Se cayó hacia atrás de espaldas al suelo y estuvo desmayado por 40 a 45 minutos. Después de levantarse, miró hacia abajo. Dios había recreado el resto de su pierna y un pie nuevecito. Pensé yo: "Espera tantito. ¿Cómo se cumplió eso? Entonces se me ocurrió que el hombre estaba dormido cuando el milagro se efectuó, quiere decir que "él no pudo interponerse."

Por eso Dios durmió a Pedro poniéndole en un éxtasis —le dio una visión. Aun mientras dormía se puso a alegar con Dios. Pedro alegó con Dios acerca de ir a los gentiles en Hechos 10 —¡y eso que estaba dormido! Y como estaba dormido, su mente —su lóbulo frontal —estaba apagado.

Esto se debe en parte a que el córtex frontal permanece más o menos tranquilo y no activo durante el sueño *REM* (movimiento rápido del ojo). Eso quiere decir que Pedro discutió con Dios en su mente subconsciente —eso era su estado cultural.

El subconsciente se desarrolla durante los primeros cinco a diez años de nuestras vidas, y afecta en cuanto a cómo cada uno de nosotros fuimos criados cuando éramos niños.

Ese estado cultural envuelve lo que comemos, la manera de cómo vivimos, las palabras que oímos, nuestra manera de ser y la manera en que enfrentamos los asuntos. Tenemos todo este entrenamiento durante nuestros años formativos, día tras día, año tras año, que contribuye a la mente subconsciente. Este fundamento se forma desde una edad muy temprana, y necesita ser reformada cuando somos salvos —y aun más si hemos tenido una mala crianza. Incluso, aunque hayamos tenido una buena educación, la reforma sigue siendo necesario; ya que la mayoría de las familias no crían a sus hijos con una mente de creatividad; al contrario, los crían de una manera *reaccionaria*.

Pedro era un judío. No debía juntarse con aquellos que no eran judíos. No debería estar en la casa de Simón el curtidor de pieles (un oficio que se consideraba ser impuro por los judíos de su tiempo).

Sin embargo, estaba en la casa del curtidor, que ya era una lucha. Y no tan solo eso —ahora Pedro había visto una visión donde Dios le dice: " Te vas a los gentiles." Aun así, Pedro discutía con Dios a causa de su posición cultural. Dios no estaba solamente tratando de "bendecirlo"; sino, Dios estaba tratando de transformarlo. Era como si Dios dijera: "Quiero meterme en tu mente subconsciente."

Si puedo hacer que suceda algo milagroso en tu mente subconsciente y transformarte allí, no solo alcanzarás a los gentiles, sino tendrás un avivamiento sin precedentes.

Cuando la muerte estará cerca, no te importará si te crucifiquen cabeza abajo, porque voy a cambiarte de tu subcultura. Voy a cambiar todo de ti, pero tengo que empezar en tus sueños y visiones."

¿Por qué piensas que Dios dijo?, *"Y en los postreros días, dice Dios, Derramaré de mi Espíritu sobre toda carne, y vuestros hijos y vuestras hijas profetizarán; vuestros jóvenes verán visiones, y vuestros ancianos soñarán sueños [...]"* (Hechos 2.17).

Los sueños y las visiones se mencionan aquí porque el Señor dijo: "Es la única manera en la que puedo obrar para apoderarme de ti, donde tu voluntad no está luchando conmigo a su máxima capacidad". Todavía tienes tu propia volición, pero no está luchando bajo el estado lóbulo frontal; más bien, está luchando bajo el estado subconsciente.

Obras creativas. ¿Cómo podemos hacer a nuestro cerebro, espíritu y mente pensar con creatividad —no con 'ideas' inventoras, sino con creatividad como funcionamiento divino —en un reino sobrenatural donde las cosas celestiales llegan a ser lugares comunes? Pablo hizo referencia a *"nos hizo sentar en los lugares celestiales"*. Sentarse tiene algo que ver con quedarse un rato. La Biblia no declara que Pablo visitó los lugares celestiales. La Biblia dice que él se sentó allí. Efesios 2.6 dice " [...] *y asimismo nos hizo sentar en los lugares celestiales con Cristo Jesús."* Eso es la diferencia entre visitar y morar.

Esto es similar a lo que la Biblia dice sobre morar en unidad. La mayoría de nuestras iglesias no habitan en unidad, en cuanto a "iglesia a iglesia". Visitamos la unidad, en concreto las conferencias, pero, realmente, no moramos en la unidad. ¡Vivir en unidad es trabajo arduo! ¿Con qué frecuencia invita una iglesia a otra iglesia simplemente para convivir (no de un evento planeado)? Seamos sinceros —no lo hacemos porque no es parte de nuestra cultura; no creamos una cultura como así.

De manera que, Dios está tratando de cambiar la iglesia a la cultura espiritual para que nuestra cultura automáticamente se acomoda a las cosas celestiales en lugar de ataques infernales.

Capítulo 3

Vamos considerando en lo que realmente es el infierno: es una distracción bajo esteroides. Dios está obrando en un nivel mucho más alto. Sabemos que el lado opuesto de Dios no es el diablo. No existe nada opuesto a Dios; Él es Dios. Solo hay Dios —así es. Él es todo por sí mismo. Puedes dialogar de los miles de atributos de Dios por la siguiente hora a tres horas, pero Dios es Dios. Entonces, ¿por qué sería que las acciones reaccionarias del infierno son el enfoque de la iglesia? No debería.

Deberíamos poder entrar en los momentos de Dios sin traer ocurrencias infernales. Sin embargo, cada pastor te puede contar las muchas peticiones de oración, no basadas por lo que Dios dijo. Al contrario, están basadas sobre lo que fue atacada.

Sabemos esto porque la mayoría de las personas, después de ser atacadas, acuden a Dios y claman: "Señor, ayúdame", en lugar de ir con Dios declarando, "fui atacado". ¿Qué lograste a crear?

O, "fui atacado". ¿Qué desataste?

O, "mi esposa se acaba de enfermar." ¿Qué desataste del Cielo?

O, "El infierno alzó la cabeza. Señor, ¿qué le dijiste a la atmósfera? Ya que Tú eres creativo —y el infierno — reaccionario."

Si el diablo es reaccionario, eso quiere decir que está reaccionando a algo. Y si está reaccionando a algo, ¿qué será? ¿Qué es ese 'algo' del Cielo que necesito obtener? Entonces Señor, estoy avanzando a lugares celestiales. Quiero sentarme aquí. Quiero pasar el rato aquí. Quiero morar y hablar contigo aquí arriba. ¡Quiero visitar contigo! Quiero saber cuál es la mente de Dios y saber cuál es la mente del Espíritu. Quisiera entender qué es la operación de Cristo del Reino en este momento. Señor, ¿qué estás creando que yo no lo capté? Siento que el infierno lo 'captó' antes que yo.

¿Qué si pudiéramos llegar a un lugar donde escuchamos la creativa Palabra de Dios antes que el enemigo? Pausémonos a pensar sobre este concepto. ¿Dónde vive el enemigo? Efesios capítulo dos nos declara que el enemigo vive en los aires. Él es el príncipe y la potestad del aire, que es el segundo cielo. Pablo dijo que hay un tercer cielo; entonces, obviamente, debe de haber un segundo, y debe de haber un primero. Nosotros vivimos en el primer cielo, y Satanás vive en medio de la nada. El aire es nada. Él es el dueño de nada. No es dueño de la tierra, y no le pertenece el espacio del aire; entonces, no es dueño de nada.

¿Y tú tienes miedo de un diablo que "alquila"?

Satanás no tiene dominio. Por lo tanto, no tiene espada, ni escudo ni yelmo; no tiene coraza, ni ceñidos los lomos y no tiene 'calzados' de los pies. A menudo nos emocionamos sabiendo que el diablo no tiene nada. ¿Qué tan emocionados nos ponemos al saber que Dios lo tiene todo?

Todos sabemos cuán difícil es mantener ese concepto cuando bajo ataque. Es por eso que es necesario orar a través de tu estado emocional, porque el estado emocional es lo que es atacado; es el estado más débil de la humanidad.

El diablo es un 'bravucón'. Se aprovecha del estado más débil del ser humano para reprimirnos ahí; resultando en acercarnos a Dios en nuestro estado más débil. La fe es el estado más fuerte de la humanidad. Si el infierno nos puede mantener en un estado muy débil por medio de nuestras emociones, nunca llegaremos a nuestro estado más fuerte. La única manera en que el temor de Dios podría obrar mediante la fe en nosotros, es si superáramos el estado más débil. Así que, ¿cómo llegamos? Debemos orar para alcanzar ese lugar de fe, y orar hasta llegar a nuestro estado más fuerte.

Es por eso que cuando algunos se portan mal en la iglesia —tienes ganas de decirles: "¿Por qué no vayas a orar?" Lo que realmente estamos diciendo es: "Supera tu estado emocional." Si puedes superar tu estado emocional, empezarás a ver las cosas con más claridad. Si decimos a alguien que se 'tranquilice', lo que realmente estamos declarando es: "Mira, atacaron tu estado emocional. No te acerques a Dios de esa manera porque Le estás acercando en tu estado más débil. ¡Ora fervientemente!" Y ¿cómo se hace eso? Arrepiéntete.

La manera más pronto para vencer un ataque emocional —es arrepentirse—porque el infierno no tiene mecanismo defensivo contra el arrepentimiento. Por eso el arrepentimiento es la clave —es la introducción al Reino y a la salvación. Esta es la razón de porqué Juan el Bautista venía predicando el arrepentimiento antes que Jesús se mostraba. Y por eso, Isaías lo profetizó setecientos cincuenta años antes de que fuera manifestado en carne por medio de Jesucristo.

El arrepentimiento abre el cielo.

Cuando Jesús fue bautizado por Juan en el bautismo de arrepentimiento—la Biblia dice que: *"Los Cielos se abrieron."*

Cuando yo me arrepiento, el infierno se repliega. Cuando el infierno se repliega, los Cielos se abren; cuando el Cielo se abre —¡estoy avanzando a lugares celestiales!

Sin embargo, puede que tome tiempo para alcanzar lugares celestiales. Por ejemplo, puede que necesitemos arrepentirnos durante una hora porque estamos desconectando de un ataque. No siempre arrepentimos por hacer algo malo —aunque eso debería de ser el motivo inicial de arrepentirnos. Pero solo arrepentirnos cuando hacemos algo mal es una palabra 'inapropiada del infierno'. Esa idea no es un "concepto de Dios," sino, un concepto del infierno". El arrepentimiento es originalmente e inicialmente intentado para conectar con Dios. Así es como la gente llega a Dios —¡tienen que arrepentirse!

"Arrepentíos, y bautícese cada uno de vosotros en el nombre de Jesucristo para perdón de los pecados; y recibiréis el don del Espíritu Santo" (Hechos 2.38).

Permíteme probar tu mente con un ejemplo abajo:

Si alguien se acerca al altar, y grita: "¡ME ARREPIENTO!" ¿Qué piensas? Si alguien se acerca al altar, y grita: "¡ME ARREPIENTO!" ¿Qué piensas? Piensas que: ¡Guau!...¿están accediendo los Cielos? No...en cambio, tu mente automáticamente se vuelve al pensamiento inicial: "¿Qué han hecho mal?" Esto se debe a que hemos aprendido el beneficio introductorio del arrepentimiento.

Pablo dijo: "cada día muero," si evaluaremos esta afirmación en el sentido de que sólo significa arrepentirse de los errores, entonces Pablo pecaba todas las noches; mas sabemos que eso no es el caso. ¡Dios lo usó para escribir múltiples libros en el Nuevo Testamento! ¿Crees que luchaba cada noche? ¿por lo que se arrepentía cada mañana? No, no creo que sea así.

Antes bien, Pablo está diciendo: "¡Mira, hallé una clave! Según las siete iglesias de Asia, es la clave de la iglesia de Filadelfia. ¿Qué tenían ellos? La clave de David. David era mejor conocido por arrepentirse. Él conocía arrepentimiento mejor que conocía cantar. Cantar no te da acceso al Reino de los Cielos —pero arrepentimiento sí.

Cuando David acudía a Dios en medio de sus atrocidades, él sabía que: *"Al espíritu quebrantado y corazón contrito no despreciarás"*...por eso, él se arrepentía. Él comprendía que esto era un componente clave en el Reino de los Cielos —no por lo que quita —sino por lo que abre.

Aquí hay un ejercicio que podría hacerle cambiar de opinión.

Inicialmente, el arrepentimiento significa lo que desprende; mas, después de eso, se trata de lo que abre. Si estudiaras la historia de Génesis a Malaquías, notarías que durante esos cuatro mil años, hubo un cielo cerrado; no había un Cielo abierto. Había ventanas; Noé tuvo una ventana y Malaquías tuvo una ventana; Ezequiel tuvo una experiencia extra- corporal y entró al Cielo una vez, pero eso fue durante un momento espiritual. No había un existente 'Cielo abierto'.

Pero cuando Jesús fue bautizado por Juan en Marcos capítulo 1, la Biblia dice que: *"Los cielos le fueron abiertos."*

Reflexione conmigo por un instante. Jesús fue perfecto. No tenía pecado. Entonces, ¿qué estaba tratando de enseñarnos? Cuando nos consumimos en el arrepentimiento, se desprende de nosotros el infierno y se abre para nosotros el Cielo.

Aquí está la clave: Dios nos está trasladando del estado reaccionario al estado creativo. Según el libro de Lucas, hay gozo delante de los ángeles cuando un pecador se arrepiente. Es la misma terminología utilizado en Lucas 10.21, donde Jesús se alegró cuando los setenta y dos salieron de dos y dos. Regresaron y clamaron: "¡Guau! ¡Los demonios son sujetos a nosotros!" A menudo nos enfocamos en este mismo proceso de pensamiento, incluso hoy. Mas Jesús dijo: "Pero, no te dejes ser llevado por eso. No te goces de que el infierno es sujeto a Mi autoridad. Más bien, pon tu mente en las cosas celestiales. Celebra de que tu nombre está escrito en el Libro de la Vida del Cordero."

¿Sabes lo que Jesús les estaba tratando de comunicar? *"Poned la mira en las cosas de arriba, no en las de la tierra"*(Colosenses 3.2).

Pon tu mirada en las cosas celestiales. El Señor tiene tesoros creativos que quiere otorgar a Su Iglesia.

Capítulo 4

Si el único abordaje que tenemos es el de la reacción infernal, ¿en qué forma podrá Dios otorgarnos un Cielo creativo? ¿Cómo podrá el Señor poner semillas creativas en un planteamiento de naturaleza negativa? Es alucinante —no puedo comprenderlo. ¿Cómo es posible que una persona pueda ser negativa teniendo todas las células positivas en su organismo? No lo puedo comprender. Existen células positivas en nosotros. Por la esencia de la creación, supuestamente debemos ser positivos —mas la gente sale procesando pensamientos negativos. ¿Cómo puede ser? Está en lo que están centrados. Como decía mi mamá: "Dime con quien andas, y te diré quien eres".

Eso quiere decir que somos iguales a aquellos con quienes nos juntamos. Si siempre me hallo a la defensiva para atacar, entonces soy un perseguidor del diablo.

No necesito perseguir a los demonios. Si los demonios te están molestando, entonces saca tu cartera; dé una ofrenda. La Biblia nos dice en Malaquías, que si pagamos nuestros diezmos y ofrendas, Él reprenderá al devorador por nosotros. De manera que, si el diablo te está atacando, saca tu cartera y dile: "te desafío".

Eso es lo que hago yo. Yo le digo: "¿Vas a mi casa? Yo no voy a perder mi tiempo contigo. ¿Cuánto quieres que yo dé, diablo? ¿Mil, cinco mil, diez mil?"

Tengo el trabajo de acabar contigo. Digo: "Señor, envía uno de aquellos angelitos por mí, ¿sí? Porque este fastidioso quiere quitar mi tiempo. Aquel está reaccionando a algo que Tú has desatado del Cielo, y yo no quiero responder según una reacción. Quiero actuar basándome sobre el creativo.

Juan 1.3-4 dice: *"TODAS LAS COSAS por él fueron hechas, y sin él nada de lo que ha sido hecho, fue hecho." "En él estaba la vida [...]"* Así que, cada vez que Dios suelta algo creativo, tiene vida incorporada. Cada vez que el diablo reacciona, hay muerte incorporada. Es porque él ha venido a hurtar, matar y destruir. Entonces, su reacción es con el propósito de hacernos enfocar en lo que se está muriendo, no sobre lo que está siendo creado. El propósito del diablo es hacernos enfocar en: "Voy a perder esto." Esto se va a morir. Esto va a fracasar. ¡Ay, Dios, SOCORRO!

Espera un momento. Ya hay vida en la atmósfera si el infierno ha respondido a una Palabra creadora. Entonces, ¡debo buscar la vida! No ando buscando vida para arreglar mis asuntos pequeños…ando buscando vida que consumirá mi mundo entero.

Porque si lo creativo puede 'meterse en mí'…¿qué producirá? ¿Qué podría ser multiplicado? Dios no está solamente interesado en darte un milagro, Dios está en el negocio de darnos multiplicación.

Por eso, cada vez que surge una profecía — surge una Palabra — no es solo Dios profetizando o desatando un milagro en tu vida. Él realmente está soltando la multiplicación.

Por ejemplo, cuando yo tenía unos 28 años de edad, yo solía repartir garrafas de agua de cinco galones; esto fue antes de evangelizar en 1989. Un día, todo un estante de botellas, apiladas siete de alto y seis de ancho, ¡se cayeron por encima de mi espalda! Mi jefe soltó el gritó cuando se volcaban por encima, y yo di el brinco tratando de esquivarlas. Las dos botellas de arriba golpearon la parte baja de mi espalda y me dañaron.

Trataron de mandarme a terapia informándome que iba a tener que seguir la terapia por meses; pero yo iba a empezar a evangelizar tiempo completo en unos tres meses. Pensé: "Dios, si me quedo para la terapia, no voy a poder evangelizar —y no puedo evangelizar de esta manera. No lo voy a hacer…¡simplemente no!

Date cuenta que no siempre Le hablo a Dios de esta manera, pero esta sola vez, pensé: "Dios, no voy a exponerme como un discapacitado. Tú no me enviaste para evangelizar como un discapacitado; y me siento como un inválido ahorita mismo". No podía caminar ni vestirme, así de mal estaba.

Fui a ministrar un avivamiento alrededor de noviembre de ese año, antes de "ponernos en camino" a tiempo completo, yo decidí: Señor, no voy a desilusionar a este hombre de Dios. De manera que, llegué a la casa donde el pastor nos había alojado, y mi esposa tuvo que ayudarme a caminar cojeando hacia la habitación; yo estaba como un bebé (los hombres no aguantan el dolor bien). Mi esposa me tuvo que ayudar a vestirme. Después, me tuvo que ayudar a llegar a la iglesia, y me postraba en el piso para orar por el culto y para un mover de Dios. Después de orar, cojeando, me ayudaba a regresar por algo de comer.

Me acostaba un rato en los aposentos del evangelista antes de que me vistiera para ir a la iglesia. Llegué al culto esa noche y pronto era el tiempo de la predicación.
Me acerqué al púlpito y repentinamente, ¡no sentí NINGÚN DOLOR!

Sentí predicar por días en esa ocasión porque era el único tiempo que sentía alivio. ¡Vimos a personas ser sanadas! Vi milagros, hazañas y maravillas. Estaría yo corriendo, saltando y moviéndome durante la predicación —y en cuanto que terminaba de predicar, volvía a ese estado discapacitado. Yo Le decía a Dios: "Dios, sea lo que sea por lo que me estás enseñando, ¿me regalas las *Notas del acantilado*? ...porque me gustaría superar esto un poco más pronto".

Así pasé las dos semanas enteras de avivamiento. Para finales de esas dos semanas, al fin Dios dijo: Muy bien, ahora estás listo." ¡Y simplemente, se fue quitado!

Pero miren lo que sucedió; cuando Dios me sanó, no sólo me sanó para que pudiera ir gritando; me sanó para que a través de los siguientes 29 años, viera cientos de miles de espaldas sanadas, ¡en 55 países! Entonces no entendía el propósito, pero ahora sí lo entiendo.

Esta es la razón de porque el infierno es tan reaccionario. El diablo sabe que si Dios empieza a hacer lo creativo, no es solamente para ti; lo más seguro es, para todo lo que vas a tocar, todo lo que vas a hablar, es para todo que tomará fe y es para todo lo que te viene en el camino.

Toma un momento para levantar tus manos. Alza tu voz, y permite que Dios siembre algo en tu espíritu mientras entretienes Su presencia.

Cuando estén listos, continuaremos con el siguiente capítulo.

Capítulo 5

"En él estaba la vida, y la vida era la luz de los hombres. La luz en las tinieblas resplandece, y las tinieblas no prevalecieron contra ella" (Juan 1.4-5).

Más adelante, Jesús hace esta afirmación:

"Y esta es la condenación: que la luz vino al mundo, y los hombres amaron más las tinieblas que la luz, porque sus obras eran malas" (Juan 3.19).

La escritura dice que amaban las tinieblas más que la luz, porque sus hechos eran malos.

Esta escritura no tiene nada que ver con mañas malas, ni pecados que no puedes superar; tiene que ver con una mentalidad y una presentación de tu persona.

En el verso que nos ordena no poner delante de nuestros ojos ninguna cosa perversa, se usa la palabra "perversa". Ese versículo no está hablando acerca de no poner delante de nosotros cosa mala como un televisor; más bien, está hablando de la presentación de Cristo Jesús —representando al Rey. Nuestra representación al mundo no debe tener una apariencia perversa. En otras palabras, cuando el mundo pone su mirada en nosotros, no debían tener que decir: "¡Guau! Tienes un rey pobre; Él no tiene cuidado de ti."

"¿Por qué estás triste? ¡Debes de tener un rey malo!"

"¿Por qué estás deprimido? Has de tener un rey malo."

"¿Por qué te hallas preocupado? ¿Por qué estás estresado? ¿Por qué estás abrumado?

Cuando salimos a la calle, el Rey quiere que la mejor presentación de Su Reino sea ante el mundo. Así de esta manera, cuando el mundo se fija en nosotros, ellos dirán: "¡Guau! ¿Dónde has estado?"

Y podremos responder: "He estado en lugares celestiales".

Cuando dirán: "Guau. ¿Con quien te has estado relacionando?"

Podremos decir: "Jesucristo es mi Rey".

¡Vaya! ¿Cómo puedes estar pasando eso con tanta paz en tu corazón?

"Porque tengo el Pacificador conmigo."

"¿Cómo es que siempre tienes paz en tu hogar?"

"¡Porque Él es el Principe de Paz!"

Se trata de presentación. El Señor dice: ¿Qué le pasa con mi pueblo en la iglesia que está tan consumida con las tinieblas que su presentación se ha echo a perder?

La Biblia dice *"...los hombres amaron más las tinieblas..."* Para amar algo, uno tiene que establecer una relación con ello. Los que se consumieron, acabaron estableciendo una relación con lo que les atacaba, en lugar de lo que les estaba salvando. Las únicas conversaciones que tenían, eran sobre lo reaccionario.

Piénsalo. Supongamos que vas a tu sala de oración —es de esperar que tengas una sala de oración en alguna parte —o un altar. Si todo lo que hablas es acerca de lo que está mal, ¿de qué manera va a ser tu presentación? Tu presentación será negativa porque se basará en peticiones. Está "atada a la tierra" en lugar de estar "atada al cielo".

Yo hice algo hace mucho tiempo. No siempre hago esto, pero de vez en cuando se me ocurre a la mente y lo hago...es el Padre Nuestro. No lo repaso solo sistemáticamente. Estuve examinando la parte que dice: "Venga tu reino. Hágase tu voluntad, como en el cielo...", y la siguiente frase captó mi atención: "como en el cielo." Eso provocó una pregunta para mí. Empecé a decir: "Señor, faltémonos todo lo preliminar." ¿Cómo estaría el Cielo ahorita mismo? ¿Qué estará pasando en el Cielo? ¿Qué estarás diciendo en el Cielo? ¿Puedo acercarme? ¿Puedo echar un vistazo a la sesión general esta mañana? ¿Qué estás haciendo, Señor, que ha alborotado tanto al infierno, que la gente en el hotel (menos yo) no puede dormirse. Cuando otros no pueden dormir, yo nada más le digo al diablo lo que el evangelista *Smith-Wigglesworth* hacía. Él miraba al diablo que entraba a su habitación y decía: "¿Ó, solamente eres tú? Yo me voy a acostar. En verdad, así debemos de ser.

Me desconciertan los predicadores que utilizan la escalera de emoción para estimular a la multitud. Cuentan historias de cómo Dios conquistó un mal espíritu, (o algo de esa índole), utilizándolas para alborotar a las personas; sin embargo, no cuentan acerca de la dimensión divina que provocó la victoria en primer lugar. Estaba decidido a pasar más allá de ese enfoque demoniaco porque yo estuve alrededor de eso toda mi vida. Vi las luchas con los espíritus y vi los espíritus atacar.

Debes darte cuenta que el diablo no puede ascender más alta que la carne. ¡Su campo más alto es la carne! No puede ascender más alto. Hemos sido hechos un poco menor que los ángeles. Los demonios no pueden ascender a la dimensión de los ángeles porque fueron expulsados de esa dimensión. Lucifer y sus ángeles han caído, y no pueden volver a ese nivel. Nuestra dimensión más alta es el Trono— que es Dios. Ponte a pensar sobre el contraste de eso. ¡No se puede comparar!

Entonces, nuestra manera de ver las cosas necesitan una transformación para que nuestro enfoque no sea la oscuridad. Nuestro enfoque debería ser: si hay oscuridad, ¿a qué se está reaccionando?

Todas las cosas fueron creadas en la atmósfera de fe; nada fue creado en un aposento de temor. Cuando el temor empieza a obrar, es difícil para la fe sembrarse en 'tierra temerosa'. El temor es la obra del infierno; trata de hablarte constantemente, atacarte, captar tu atención y mantenerte enfocado a la oscuridad. De manera que, si tu tierra siempre está basada en la condición y el temor, estás perdiendo mucho de lo que Dios ya ha desatado en la atmósfera.

El temor de Dios es algo inherente. Ha alargado los días de vida del hombre y tiene salud incorporada. También tiene paz inherente. Hay múltiples frases de "temor del Señor" que van desde el Antiguo Testamento hasta el Nuevo Testamento, y a través de cuatro dimensiones de la iglesia apostólica, el Libro de los Hechos. (Eso es todo un estudio en sí mismo —¡y un estudio maravilloso!) Estudiando esto le hace a uno entender qué: el temor del enemigo es con el propósito de quitar la dimensión celestial que está establecido por medio del temor a Dios. El temor a Dios es el principio de la sabiduría. Si regresas a ese contraste, viene a ser la fundación de lo creativo y milagroso. La sabiduría habló como una entidad cuando proclamó: "Yo ESTUVE ALLÍ…cuando la fundación del universo fue constituido. Yo ESTUVE ALLÍ cuando brotaron las fuentes de lo profundo." La sabiduría habla como una entidad, y Dios dijo : "Yo obtuve la Sabiduría." Y lo puso por obra en los días de la creación.

De manera que, Dios toma la Sabiduría como una entidad, lo utiliza como un componente y desata obras creativas sobre la tierra. No es de extrañarse que el infierno utiliza el temor. Está tratando de remover las dimensiones del temor al Señor, porque esas dimensiones son creativas.

Entiende que Dios hace que la iglesia devuelve al temor del Señor en Hechos 2.42-43 cuando "sobrevino temor a toda persona" después de que habían sido llenos con el Espíritu Santo hablando en otras lenguas y siendo bautizados en el nombre de Jesús. Cuando la iglesia dio luz, el primer acto de restauración fue el temor al Señor. Dios tuvo que restaurar el temor al Señor para que las obras creativas podrían operar otra vez.

Por eso, después de que el temor del Señor vino sobre ellos, los apóstoles hicieron milagros. Lo mismo sucedió en Hechos capítulo 5, Hechos capítulo 9 —y por la descripción de Pablo —

llevaban paños en Hechos capítulo 19. Pero, las cuatro dimensiones del temor del Señor es una escalada. Dios sigue subiendo la iglesia más alto porque se ha separado de los ataques del infierno. De esa forma, el infierno no viene a ser nuestro foco; el Cielo es nuestro foco; obras creativas son nuestro foco. Y entonces, ¡lo sobrenatural fluirá con facilidad!

Escuche este resumen teológico que abarca una perspectiva científica de los milagros. Simplemente declara:

La ciencia no invalida los milagros bíblicos.
La ciencia depende de la observación y la reproducción.
Los milagros en esencia son eventos inéditos.
Nadie puede reproducir estos eventos en un laboratorio.
Por lo tanto, la ciencia no puede ser juez y jurado para determinar si estos hechos ocurrieron o no.
El método científico es útil para estudiar la naturaleza, pero no la "super-nature" (Rhodes, par 1).

"¡Oh profundidad de las riquezas de la sabiduría y de la ciencia de Dios! ¡Cuán insondables son sus juicios, e inescrutables sus caminos!
Porque ¿quién entendió la mente del Señor!
¿O quién fue su consejero?" (Romanos 11.33-34).

Le solicité al Señor: "Entonces, ya que obviamente hay caminos de Dios que no son naturales para mi mentalidad, esto es lo que te pido: que me ayudes a lograrlo hasta el día de mi muerte. Cada día, dame un pepito o un giro en el camino para ayudar a mi mente desconectarse del patrón cíclico del hombre natural.

El hombre natural es de naturaleza pecaminosa, y las personas de naturaleza pecaminosa tienen como contrapartida el miedo. En verdad, no es hasta que te conviertas que el temor del Señor empezará a obrar porque eso sucede a través del arrepentimiento. Cuando te arrepientes, cambias del estado natural al estado 'sobrenatural'. Ahí es donde la explicación pierde su punto de apoyo porque acabas de salir de la naturaleza del "Primer Adán" y entras a la naturaleza del "Segundo Adán".

Allí es donde el agua se convierte en vino, los tullidos en saltos y danzas, los muertos en resurrección, los ciegos en visión y los mudos en habla. Esta es la dimensión milagrosa.

Rhodes, Dr. Ron. "MILAGROS - ¿Ha refutado la ciencia los milagros asociados a Jesucristo? -ChristianAnswers.net."
Christiananswers.net, christiananswers.net/q-ederfsm-miracles. html.

Capítulo 6

Por definición, un milagro es un acontecimiento extraordinario manifestando intervención divina en asuntos humanos. Esta es una explicación mínima. La tierra lo percibe de esa forma.

He aquí la explicación de Dios de un milagro: en Lucas capítulo 1, el ángel del Señor aparece. Obviamente, era Gabriel que tenía la información de parte de Dios de que nacería un niño y María sería el recipiente con la capacidad de albergar a ese niño. Él vendría a ser el Hijo Redentor de Israel y liberar a Su pueblo de sus pecados. Y entonces, aquí llega el ángel. Nadie más sabe. Él comienza a hablar a la atmósfera llamada Tierra. Pero él viene del Trono de Dios, así que ahora está hablando un diálogo del cielo a la tierra, dando a María la percepción de la sala del trono y asombrándola sin fin.

Dios lo intentó seis meses antes con el mismo ángel pero con una persona diferente llamado Zacarías; pero, dudaba un poco. Tras estar en la iglesia por un tiempo, hay la tendencia de dudar las nuevas dimensiones.

Es fácil dudar las nuevas dimensiones porque piensas que conoces a Dios. Lo que yo he acostumbrado es no pensar que ya sé lo que va a pasar. He entrenado a mi mente hacer eso. No quiero llegar a ser tan "pentecostal" que pienso saber más que Dios. Si tú comentas después de haber oído un mensaje, algo como: "Bueno, yo he oído eso antes" —no le digas a nadie eso. Les estás haciendo saber que Dios te lo tiene que repetir dos veces.

Cuando oigo algo y lo oigo repetidas veces…me pauso.

Me pregunto: ¿Qué es lo que no estoy comprendiendo? ¿Por qué estará Dios trayendo esto a mi atención de nuevo? ¿Qué más hay aquí que perdí la última vez? Quisiera entenderlo más mejor.

Este es el problema que tenemos: cuando estamos 'complacientes' no nos gusta explorar. La mayoría de los americanos no les gusta explorar porque "ya lo tenemos hecho". Somos algo. Creemos que somos el *'superpotencia'* mundial. Como americanos, en general, somos muy arrogantes y orgullosos. Como un país y nación, creemos que lo tenemos todo controlado —pero, la realidad es que nos estamos deshaciendo.

Es la naturaleza de no querer adaptarnos. Es la percepción de la complacencia. Cuando llegas al punto de tener todo lo que necesitas, te sientes como que ya no necesitas algo más. Dios nos libre de adoptar esa mentalidad. (Es fácil ser así, ya que no sufrimos como otros países).

Cuando el hermano Quintero de la ciudad de *San José* se fue para Venezuela, él sintió impulsado a regalarle un billete de veinte dólares a una dama porque Dios le dijo que se lo diera. La asombrada señora se desmayó hasta el suelo porque el salario promedio allí es un dólar por mes. Cuando ella vio ese billete de veinte dólares, se desplomó...simplemente no pudo soportarlo. Ella empezó a llorar diciendo: "¿Por qué haces esto?"

Él replicó: "Porque Dios me dijo que te lo diera.

Ella responde: "¿Qué no sabes que esto es casi un año y medio de mi salario?"

Así que, verdaderamente —no entendemos. No lo podemos comprender cuando nosotros gastamos veinte dólares para comida chatarra; por eso nos facilita venir a ser complacientes y estancados. Esto es uno de los lugares más peligrosos en donde encontrarnos, porque la expectativa es para los que siguen ascendiendo. No podemos arriesgar adormecernos. Tenemos que mantener este nivel de expectación en un lugar privilegiado, ya que lo sobrenatural nunca se detiene. ¡Nunca CESA! Nosotros nos detenemos —aquello nunca se detiene.

"Bueno, tú sabes que tal vez Dios lo hace, y tal vez no [...]".

¿Cuándo fue la última vez que trepaste una montaña de 10.000 pies en el Espíritu?

¿Cuándo fue la última vez que te entusiasmaste? ¿Cuándo tengas una necesidad? ¿O, cuándo sentiste una pasión por explorar? Estamos escasos de pasión por explorar. ¿Alguna vez has experimentado un culto maravilloso de domingo cuando el Espíritu de Dios se estaba moviendo? La gente se regresa a casa o se van a un restaurante y pasan un buen rato fraternizando; y el día siguiente, despiertan y no pueden ni recordar lo que predicó el predicador. (A veces ni el mismo predicador recuerda lo que predicó. Yo también he pasado esos días lunes).

Esto es lo que Dios me ha estado enseñando. Él dijo: "Cuando despiertas, recuerda, que yo abrí una puerta y nadie la puede cerrar." Y pensé yo: "¡Espera tantito! Si Él abre la puerta, y solo lo que hago es pasar por la puerta parándome ahí, ¿sabes lo que me estoy perdiendo? ¡LA EXPLORACIÓN...no exploré!"

Cuando el predicador predica, un montón de cosas se abrirán. Cuando se abren, tu responsabilidad no es solo para beneficiar de lo que sucedió. El siguiente día, cuando te levantas, esa puerta todavía estará abierta —ese punto de acceso todavía estará disponible. Ese aposento todavía sirve para explorar. Cuando vuelves a casa después de un culto en la iglesia, no se trata solamente de: "¡Guau, tuvimos un culto estupendo!"

En cambio, piensa en esto: ¿Qué llevas en tu aljaba? ¿Qué llevas en la mochila que ahora te la llevas a casa? Cuando te levante el lunes, empieza a adorar al Señor y dile: "Dios, sentí algo cuando estaba en esa reunión —durante estar en esa sesión —durante el mover del Espíritu Santo. ¿Qué más hay aquí? ¿Qué hay detrás de esta puerta? ¿Qué hay detrás de estos muebles? ¿Qué hay en este lugar?

Lo voy a pelar hasta hallar cada tesoro, cada joya, cada don y cada llamado que hay aquí!

¡EXPLORAR!

Capítulo 7

¿Creativo o reaccionario?

Reaccionario no tiene ninguna exploración incorporada. Lo creativo tiene toda clase de exploraciones incorporadas. Cuando uno se siente creativo, explora todo. Los humores creativos por su índole, hacen que quieras explorarlo todo.

Dios dice: Voy a hacer que mi iglesia sea creativa porque quiero que exploren."

Romanos 11.34-36 dice:

> *"Porque ¿quién entendió la mente del Señor? ¿O quién fue su consejero? ¿O quién le dio a él primero, para que le fuese recompensado? Porque de él, y por él, y para él, son [...]*

¿La mayoría de las cosas? ¿Algunas cosas?

> *"...todas las cosas. A él sea la gloria por los siglos. Amén."*

Dios ha dicho: ¡Miren, yo tengo todas las cosas!

Tú respondes: "Bueno, ¿y por qué no me los diste?

Dirá Él —"¡porque no exploraste! Yo tenía TODAS las cosas incorporadas en esto."

El profeta Isaías tuvo un berrinche ocurriendo en Isaías capítulo cinco. (Es un poco reaccionario aquí). Isaías ha sido afectado por la tierra, y ha sido afectado por sus alrededores. Ha venido a ser 'reaccionario' ante Dios. Esto es lo que dice en Isaías 5.8:

> *"¡Ay de los que juntan casa a casa, y añaden heredad a heredad hasta ocuparlo todo! ¿Habitaréis vosotros solos en medio de la tierra?"*

Está un poco molesto. Veamos versículo once:

> "¡Ay de los que se levantan de mañana para seguir la embriaguez; que se están hasta la noche, hasta que el vino los enciende!"

Está molesto por la conducta de la gente que ha sido afectada por el infierno. Nunca permitas que tu ministerio sea una frustración nada más porque no puedes alcanzar a alguien. Métete en lugares celestiales, y Dios te dará una clave. ¿Acaso Dios no sabe cómo alcanzar cada alma del ser humano?

No impondrá su voluntad —no todavía; sí lo hará en el Juicio. No nos estamos llevando nuestra voluntad al Cielo. Por eso debemos ejercer a renunciar mientras aquí en la tierra; por eso debemos 'morir' cada día. Debemos ejercer la renuncia de nuestra voluntad porque no habrá dos voluntades en el Cielo. Alguien lo intentó en una ocasión y le cambiaron el nombre. (No solo lo echaron fuera, también cambiaron su nombre de 'Lucifer' a 'Satanás'). Yo no quiero ese tipo de cambio de nombre. Preferiría ir de 'Jacob' a 'Israel'.

Nota lo que dice Isaías en los versos 18-20:

> *18 ¡Ay de los que traen la iniquidad con cuerdas de vanidad, y el pecado como con coyundas de carreta,*

> *19 los cuales dicen: Venga ya, apresúrese su obra, y veamos; acérquese, y venga el consejo del Santo de Israel, para que lo sepamos!*

> *20 ¡Ay de los que a lo malo dicen bueno, y a lo bueno malo; que hacen de la luz tinieblas, y de las tinieblas luz; que ponen lo amargo por dulce, y lo dulce por amargo!*

¿Sabes a qué suena esto? Suena como el Internet. Esto suena como los medios de comunicación, inclusive los predicadores predicando de los medios de comunicación o del Internet. Están consiguiendo información mediante el conflicto terrenal en vez de la impartición celestial. Entonces, se han llegado a ser predicadores reaccionarios tratando de arreglar algo.

¿Sabes lo que sucede si cortas el pasto? No lo vas a eliminar; lo vas a hacer crecer. Por eso Juan el Bautista, predicando sobre el arrepentimiento en Lucas 3.9 y Mateo 3.10, dijeron: se necesita poner "el hacha a la RAÍZ".

Será como cortar una rama —¡lo único que has hecho es podarla! No has talado el árbol; lo has hecho más fuerte. Por esa razón, las personas que tratan de deshacerse de sus hábitos, tratando con el hábito en vez de la raíz, terminan con peores problemas.

Solo están cortando la hierba. Vienen cada domingo, llegan una vez por semana, y solo están "cortando la hierba".

Dicen: "Oh, me siento mucho más mejor"—pero se sienten mejor porque el pasto se mira bonito. No manejaron la raíz —entonces el problema se empeorará.

Sigamos leyendo Isaías capítulo 5.21-23:

¡Ay de los sabios en sus propios ojos,
y de los que son prudentes delante de sí mismos!

¡Ay de los que son valientes para beber vino, y hombres fuertes
para mezclar bebida;

los que justifican al impío mediante cohecho, y al justo quitan su
derecho!

Parece como que casi puedes visualizar a Dios. Dios está permitiendo a Isaías cotorrear —pensando: "¿Has terminado? Hay algo más que quisiera enseñarte, y estás atascado en los 'ayes' que no puedo enseñarte el verdadero 'WOAH'. Estoy sentado sobre un Trono."

Entonces, al fin llegamos al capítulo seis. (Sabemos que no había, originalmente, capítulos y versos, así que, esto es un escrito singular).

Isaías 6.1 dice:

"En el año que murió el rey Uzías vi yo al Señor sentado sobre un trono alto y sublime, y sus faldas llenaban el templo."

Hasta que muera lo que es "rey" en tu vida, no podrás ver tal vez lo que tengas delante de ti.

¿Qué es 'rey' en tu vida? De lo que mayormente hablas y sobre lo que más gira tu conversación. Si no estás hablando acerca de Dios cuando llegas a la iglesia, posiblemente no estás hablando de Dios cuando sales de la iglesia.

He escuchado a personas hablar en el vestíbulo antes del culto, y me pongo a pensar: "¡Hombre!, no están listos para el culto." Va a tomar 30 minutos para empezar. Van a tener que cantar sólo para que la gente se anime, y luego, ¡la iglesia empezará cuándo me pasen el micrófono!" Hemos pasado eso varias veces, ¿no es cierto?

En una ocasión, un pastor me dijo: "Bueno, haz lo que puedas."

Pensé: "¿Haz lo que puedas?" No mencioné eso a la gente; me reservé a decírselos.

Dios sí se movió —aunque tomó un rato para concluir…sin embargo, Se estaba moviendo.

Por fin, Isaías se da cuenta; Dios al fin pudo hacer que la atención de Isaías se quitara de lo reaccionario. Consiguió que su atención fuera puesto sobre lo creativo; e Isaías dijo: *"Vi yo al Señor sentado sobre un trono […]."*

Bueno, eso no se puede ver desde la perspectiva terrenal. Tendrás que meterte en una dimensión diferente para ver eso. Isaías dejó de ver al borracho; dejó de ver al entrometido; dejó de ver al santurrón. Dejó de ver todo lo que le estaba afectando y obtuvo otra vista. Ascendió un poco más para arriba y logró abrir brecha...ahora en un lugar donde podía ver con claridad.

Dijo Dios: Déjame mostrarte lo que ha estado aquí todo este tiempo. No es que no estaba aquí, es que tenías tu foco en otro lugar, y no lo podías ver por causa de lo que estabas enfocado.

Por ende, Isaías lo vio: ángeles con seis alas, volando con sus rostros y pies cubiertos.

Isaías 6.2-3 nos dice:

"Por encima de él había serafines; cada uno tenía seis alas; con dos cubrían sus rostros, con dos cubrían sus pies; y con dos volaban.

Y el uno al otro daba voces, diciendo: Santo, santo, santo, Jehová de los ejércitos; toda la tierra está llena de su gloria."

Es interesante. Si miras el paralelo de los libros, Isaías y Apocalipsis: el mismo trono, los mismos ángeles y la misma escena se menciona en ambos libros.

Sin embargo, Juan ve más que Isaías debido a la diferencia de tiempo. Cuánto más nos acerquemos al final de los tiempos, más nos permitirá Dios ver. Esos ángeles en Apocalipsis no tienen sus ojos cubiertos; uno puede ver sus ojos. Esto es grande porque estamos en el fin de los tiempos, y Dios empezará a abrir los ojos de la Iglesia como nunca antes.

Capítulo 8

Piensa acerca de esto: El libro de Apocalipsis se dirige a las siete iglesias diciendo: *"El que tiene oído, oiga [...]."* ¿Por qué está Dios tan decidido a que todos oigan en la iglesia? Tiene mucho sentido. Ves, Dios está haciendo que el mundo comience a oír.

Los últimos tiempos requerirán una iglesia que puede oír con mucha claridad porque necesitaremos estar delante del juego. ¿Qué no era el soldado centurión, parado cerca de la cruz, que percibió que Jesús era Dios manifestado en carne? Mientras todos aquellos vigilaban lo que se estaba muriendo, él pudo ver que en Marcos 15.39 " [...] ¡*Verdaderamente este era Hijo de Dios!"*

No digas que Dios no está hablando a los que están en el mundo. Esto es una señal que la iglesia necesita oír mejor que antes. ¿Cómo realizaremos eso si no estamos en lugares celestiales? Es mucho más fácil oír a Dios si estamos sentados uno cerca del otro, que estar aquí abajo luchando con alguna batalla del infierno que tiene mi atención y me ha desconcertado. ¿Qué si me enredo tanto en la guerra que no puedo prestar atención a la Palabra de Dios?

El caso es que: Dios está tratando de hacernos consultar antes de utilizar la espada.

¿Qué fue lo que causó a Pedro meterse en líos? Él sacó la espada antes de consultar.

¿Qué era lo que metía a Israel en líos? Desenvainaban sus espadas antes de consultar con el Señor. Cuando no consultaban con el Señor, es entonces que los derrotaban; perdieron a muchos hombres durante ese tiempo. No consultaban al Señor.

El Señor no les daba permiso para salir a pelear. Ellos nada más pensaban que podían. ¿Y sabes qué?...podemos. Tenemos el poder del Espíritu Santo. Tenemos el dominio del Espíritu del Señor que está en nosotros, llamado el Espíritu Santo. Tenemos la Sangre del

Cordero. Tenemos la armadura de guerra porque nuestra milicia no es carnal. Sabemos que son " [...] *poderosas en Dios para la destrucción de fortalezas* (2 Corintios 10.4).

¡Y nada más porque PODEMOS no significa que DEBERÍAMOS!

Poseemos un proceso de pensamiento natural que dice: ¡Ey —yo voy a ganar!", porque PODEMOS. De eso estamos seguros —que podemos ganar. Porque (como va el canto), "No importa el arma, quiero que sepas que ¡yo gano!

Nos emocionamos sobre dándole patadas al diablo; pero, realmente: ¿tenemos permiso para esa batalla? ¿No será mejor consultar esa pregunta?

Yo percibo que las personas han sido derrotadas en la pelea porque, realmente, no obtuvieron permiso y optaron por sí mismos de hacer la elección.

¿Sabes cuál fue esa atracción hacia la guerra? Era solo una distracción. Y Dios está diciendo: Yo no quiero que tú te enredes con eso. Tengo algo más para mostrarte. Y todo el rato estábamos siendo distraídos malgastando nuestro tiempo, afrontando algo que ni era nuestra pelea en primer lugar; porque la guerra es del Señor; repito, la guerra NO es vuestra, es del Señor.

Dios dice: "¡Enfoque en MÍ! No estoy interesado en el enemigo. Yo sé que puedes acabar con él. Te di las herramientas para hacerlo —y de vez en cuando, tendrás que hacerlo."

Esto es lo que he notado: hay algo muy interesante acerca de los lugares celestiales donde lo creativo inicia obrar. Cuando Dios transformó una ciudad, ¿cómo lo hizo? No reprendió demonios; no tomó dominio de la ciudad para que podría haber una cosecha genial. He oído esa enseñanza y comprendo el punto tras ella, pero piensa en esto: ¿dónde existe la referencia bíblica donde Jesús enseña cómo ganar una ciudad? *Los gadarenos* es la referencia bíblica. Así es cómo se gana una ciudad.

Esa era una ciudad que no tenía conciencia de Dios. Ellos no querían que Jesús se quedara después de haber sanado al endemoniado; lo mandaron para Su casa. "Vete de aquí, le dijeron; "vuélvete."

El Señor dice: "No te preocupes; yo me encargo del mundo espiritual."

Cuando el hombre quiso ir con ellos, el Señor le dijo —"No, no, no. Yo he puesto un milagro dentro de ti y, este milagro se va a multiplicar. Así que, esto es lo que me gustaría que hicieras; te quedas y publicas las cosas grandes que Dios ha hecho en ti. De manera que, Jesús hizo un milagro dentro de él, lo liberó y le dijo —"Este milagro tiene multiplicación incorporada".

Ahora, no veo ninguna historia reprendiendo demonios. Yo no veo ninguna historia de estar en reuniones de oración, combatiendo en guerra, o ya sea, tratando de acabar con el infierno desafiándolo. No.

El único motivo para reprender al infierno, es cuando está adherido a alguien. Jesús reprendió los espíritus —que estaban adheridos al hombre. Sin embargo, cuando Jesús intentaba tomar dominio de la ciudad —Él no hacía eso.

Envió al hombre a la ciudad con un testimonio —con lo milagroso —porque el hombre experimentó un ¡MILAGRO!

Si estudias esa historia y estudias ese milagro, la palabra 'publicar', en su traducción griega extendida, en realidad significa 'derribar espíritus' o 'declarar Su victoria a los espíritus caídos'. Eso es lo que significa la palabra "publicar". Significa declarando su victoria —no la tuya. Cuando obtengas un milagro, no es tu victoria, ¡es la del Señor! Cuando Dios me sana, no es mi victoria; yo solamente lo disfruto. En verdad, es *Su* victoria.

De manera que, lo que el Señor le estaba diciendo a ese hombre era: "Mira, yo deposité mi victoria dentro de ti. Ahora que tienes Mi victoria dentro de ti, cada vez que abras la boca, va a soltar mi victoria dentro de esa ciudad. Mi victoria, por defecto, hará vencer al mundo espiritual.

Por esa razón la muerte, el infierno y la tumba fueron vencidos: ¡esa es la victoria del Señor! Esa es la mayor victoria que existe. Por eso el plan redentor tiene tanto poder para vencer los espíritus malignos. Cuando alguien recibe un milagro y obtiene una 'victoria de Dios', esa victoria vence los espíritus.

"Y se fue, y comenzó a publicar en Decápolis cuán grandes cosas había hecho Jesús con él; y todos se maravillaban"
(Marcos 5.20).

Gadara solo era una ciudad en medio del Decápolis, por la cual era una región de diez ciudades. Por ende, una región entera fue estremecida debido a que un hombre obtuvo un milagro que venció los espíritus del infierno.

Capítulo 9

¿Qué dimensiones?

Ponte a pensar sobre la Ley de Moisés que fue establecida en el monte Sinaí, donde Moisés instituyó la línea demarcación, y por dónde quiera que Moisés establecía la línea, ahí es donde comienza la montaña. Nadie lo puede cruzar, y así se quedó desde ese punto en adelante.

Entonces los israelitas adoptaron este concepto: "No toques la presencia. No toques el Lugar Santísimo —el ambiente." Piénsalo.

Lee Mateo, Marcos, Lucas y Juan. Lee todas esas historias hasta que llegues a la mujer con el "flujo de sangre". Lee todas esas historias hasta que llegues a la mujer con el "flujo de sangre". Antes de ese tiempo, nadie había tocado el borde de su manto. Deseaban tocarle, pero nadie lo hacía. Él siempre les tocaba a ellos.

Pero, miren esto: Él venció a los espíritus por medio de un milagro y un testimonio, y publicándolo en la tierra. Entonces, Él trajo la siguiente dimensión — Dios multiplicó los milagros. Él tuvo la libertad de hablar doctrina (no puedes hablar doctrina al menos si tienes la atención de alguien).

¡La gente lo entiende al revés! ¿Por qué estamos tratando de meter a la gente en la iglesia de la cabeza al alma en vez del alma a la cabeza? Ese método es al revés. Enseñamos 50.000 mil estudios bíblicos y 1.000 entran; esa no es una buena proporción. Esa proporción me estorba. ¿No te molesta a ti?

Me pongo a pensar: "Dios, realmente ¿tan así es de difícil? No parecía que fuera tan difícil. ¿Por qué tenemos tantas dificultades? ¡Ayúdanos, Señor! ¡Necesitamos Tu ayuda!

Dios empezó a hablarme. Él dijo: "¿Tú cómo adoras a Dios?"

Él dijo: "Yo te enseñé cómo se debe adorar a Dios. Adora a Dios con todo tu corazón, con toda tu alma, mente y fuerzas". La palabra mente está hacia el final—no al comienzo. Sin embargo, estamos tratando de convencerlos. Aquí está el problema: si los convences a entrar, algo les puede convencer a salir.

Mas, si experimentan una liberación sobrenatural, reciben un milagro y entran por causa del movimiento sobrenatural...¿cuándo se marcharán?

No se marcharán porque sus corazones dirán: "aquí es donde Dios me sanó del Cáncer."

"Aquí fue dónde Dios abrió mis ojos ciegos".

"¡Aquí es dónde Dios hizo extender mi pierna!"

Entonces Jesús entró a la ciudad, y la mujer con 'el flujo de sangre' pensó: "Si tan solo toco el borde de Su manto, quedaré sana."

Reflexiona esto —ella tocó el borde de Su manto y fue sanada, la hija de Jairo fue resucitada de entre los muertos, y eso fue un 'trato chévere'. Milagros emergieron. Fue una plataforma fenomenal la que se abrió.

Ponte a pensar en esto: más tarde, en Marcos capítulo seis, Jesús los envió en una barca a cruzar el Mar Galilea por segunda vez. Esta es la historia donde Él sube para orar en el monte. Durante la cuarta vigilia de la noche, Él llega a los discípulos, andando sobre el mar. Acaban aterrizando en *Genesaret*, en la región del noroeste. La mujer del 'flujo de sangre' vivía cerca, por lo que ya se había corrido la palabra: "¡Si tocas Su borde, estarás sanado!"

"Y terminada la travesía, vinieron a tierra de Genesaret. Cuando le conocieron los hombres de aquel lugar, enviaron noticia por

toda aquella tierra alrededor, y trajeron a él todos los enfermos; y le rogaban que les dejase tocar solamente el borde de su manto; y todos los que lo tocaron, quedaron sanos" (Mateo 14.34-36).

A nadie se le había ocurrido esto antes. Esto es nuevecito. Esto es como las noticias de primera plana —y ha recorrido por toda la región. Ellos no tuvieron teléfonos móviles, teléfonos, máquina de fax o cualquiera de esas cosas; tenían de boca en boca. Así que, aparentemente, la voz se había corrido de pueblo en pueblo y la voz corrió por la boca. De boca en boca todavía es la mejor forma de propaganda hasta este día debido a que estás publicando algo. Está creando un ambiente.

De manera que, este concepto ahora ha sido compartido de aldea en aldea.

"¡Oye! ¿Has oído? Solo tocó Su BORDE —¡y fue sanada!"\

"¿En serio? ¡Pues, no, no lo había oído!"

"Pues, mi amigo estuvo ahí. Después se lo contó a mi otro amigo, quien le dijo a otro amigo […]"

Es como el juego de teléfono bajo esteroides.

Cuando Jesús calmó la tormenta, se lo calmó sin palabras. Él nunca habló a esa tormenta, porque cuando entras en dimensiones más altas, utilizas menos palabras.

Por eso es que la dimensión del paño es una de las dimensiones más altas. Cuando los hijos de *Esceva* llegaron para echar fuera los demonios del hombre, Pablo no estaba en ese sitio y ni Jesús estaba en ese sitio. Aún esos espíritus pegaron la vista a los hijos de Esceva diciéndoles: "¡Ey! A Jesús conocemos y a Pablo conocemos […]" Pablo ni estaba ahí. ¡Solo su paño! Su unción fue tan poderosa, que literalmente, el paño estaba tan saturado que aun el diablo lo sabía.

Capítulo 10

Dimensiones no habladas: Jesús pisó dentro de la barca con Pedro después de caminar sobre el agua. Solo pisaron dentro de esa barca y la tormenta responde: "No estoy esperando por palabras". Inmediatamente, las olas y el viento cesaron de golpear la barca. Sin embargo, Jesús nunca habló a la tormenta; Él solo habló a Pedro.

Dios dice: Estoy tratando de desviar tu atención de la tormenta. La primera vez tuve que tratar con la tormenta porque tu atención estaba puesta en ella. Esta vez, yo traté con el sobrenatural porque tu atención empezó a enfocarse en mí —pero, luego, pensaste que yo era un diablo".

Los discípulos gritaron: "¡Un FANTASMA! cuando vieron a Jesús. No estaban pensando en *"Casper"* (el amigable personaje animado Hispanoamérica). Gritaron de miedo, terriblemente asustados por lo sobrenatural. Era la cuarta vigilia de la noche, la cual también fue la última dimensión de la era del tiempo en la iglesia.

Dios está a punto de lanzar esta iglesia a lo sobrenatural, y tenemos que sentirnos cómodos con ello. Eso es lo que Dios quiere que haga la iglesia —que se acostumbre a lo sobrenatural. Entonces, las cosas van a empezar a suceder para cambiar los conceptos de la iglesia.

Cuando nuestra atención se desvía del enemigo, entonces podemos llegar a ser acostumbrados al poder sobrenatural de Dios. En el escrito de Juan, la barca inmediatamente llegó a la ribera. Me di cuenta, "¡Guau! La barca fue trasladado.

"Ellos entonces con gusto le recibieron en la barca, la cual llegó en seguida a la tierra adonde iban" (Juan 6.21).

Quizás estarás pensando: Pues, no sé si eso pasó —si la barca fue trasladada.

Puedes creer lo que quieras, pero eso es lo que yo creo. Creo que estamos entrando en dimensiones en las que no se trata sólo de una o dos personas, ¡se trata de todo el barco! Fue un traslado inmediato.

Así que, Jesús caminó sobre el agua, se metió en la barca, calmó la tormenta y se presentó en la orilla. La Biblia dice en ese escrito que después de bajarse de la barca, todos los que tocaban Su borde, fueron sanados. Pensé: "¿de dónde se les ocurrió eso?"

De solo un lugar podrían haber conseguido esta idea: la aldea donde la mujer tocó el borde de Su manto. Se había difundido tanto que todos los habitantes en la región noroeste y aquellos que se presentaron dijeron: "¡Ey —Él viene! ¡Si nada mas tocas el borde —serás sanado! Hay algo en Él".

Creó un impacto, igual como las personas que han influenciado un atmósfera para destruir al diablo, que se ha popularizado tanto hasta el punto de impregnar nuestra música.

Contempla los cantos que cantamos. Por ejemplo, contempla el canto que dice: "Yo te doy la gloria. Yo te alabo...porque mi enemigo no triunfó."

¿Estás ilusionado porque el diablo no ganó? Ponte a pensar sobre las palabras que, en verdad, estamos cantando. Yo sé que desconcierto al grupo de jóvenes cuando hablo de eso.

Pero ponte a pensar sobre lo que está propagada. El diablo tiene la atención del mundo porque algo ha sido desatado en los Cielos. Intenta alejar a la gente de la percepción de lo que se desata en los Cielos.

Este es mi concepto total de enseñar de esta manera: Isaías 46 hace referencia de una declaración que usamos a menudo, que Dios *"conoce el fin desde el principio"*.

Isaías 46.10 (RVR1960):

> *"Que anuncio lo por venir desde el principio, y desde la antigüedad lo que aún no era hecho; que digo: Mi consejo permanecerá, y haré todo lo que quiero [...].*

Isaías 46.10 (PDT)

> *"Yo conté el final desde el comienzo y mucho antes de que sucediera. Yo afirmé: "Mi plan se cumplirá y haré todo lo que yo quiero".*

¿El final desde el comienzo? Eso indica que Él tiene que desatar la contestación antes de pasar por el problema. Significa que tendrá que desatar el milagro antes de que tuvieras el crisis.

Por lo tanto, eso significa que antes de pasar por una prueba, Dios ya ha suelto la solución.

Capítulo 11

Entonces ¿qué se requiere de nosotros para obtener esta información? Posicionamiento. ¡Tenemos que meternos en la vena! El diablo reacciona porque se desató lo creativo. Cuando yo me meto en una batalla, el diablo dirá: "¡Ay, no! ¡Si él pone atención a lo que fue desatado en el ambiente, entonces algo va a suceder en este mundo que no puede ser vencido por este mundo!"

De manera que, esto es lo que te recomiendo —no "si" te atacan mas "cuando" te atacan.

Cuando fui atacado hace poco, no lo enfrenté. No dije nada; ni solicité a Dios que se encargara; tampoco saqué una ofrenda. Todavía estaba en mis piyamas. Estaba sentado en una silla y, pensé: "No voy a decir nada. No voy a hacer nada. Solo voy a poner mi atención en Ti, Señor".

Y Dios empezó a hablarme. Él dijo: "Recuérdate: Creativo o reaccionario". Yo respondí: "Sí, Señor". Tú has creado algo —porque hay una reacción".

Me pongo a pensar sobre cuántos de ustedes recientemente han estado bajo ataques reaccionarios.

Recuérdate que algo se ha desatado en tu favor.

Dios te ha escuchado. Dios ha visto tu fe. Dios ha visto tus lágrimas. Él te ha escuchado cuando se lo has pedido. Él ha oído tus peticiones y Él te ha contestado. El ataque no tiene nada que ver con la habilidad del diablo. Tiene que ver con su reacción a la respuesta celestial a tu petición original.

El infierno no es una resistencia, es una reacción.

Lo repetiré de nuevo —el infierno NO es una resistencia…¡es una reacción!

Al momento que calcules al infierno como una resistencia, lo tratas diferentemente. Al momento que lo calcules como una reacción, lo tratas diferentemente.

¿Siempre respondías a tus hijos cuando reaccionaban? No, porque les 'enseñaste'. Te diste cuenta que solo estaban tratando de conseguir algo. Es una reacción porque piensan que van a recibir 'esto' portándose como 'aquello'. Pero, también nos 'enseñan', ¡a nosotros!

¿Crees que el infierno no conoce a la humanidad ni su estructura física? Lleva más de 6.000 años estudiando a la humanidad. ¡El infierno conoce el lenguaje corporal! El lenguaje corporal es repetitivo porque todo bajo el sol es repetitivo. Todo lo que está por encima del sol es nuevo. Por eso dice la Biblia en Eclesiastés 1.9 (PDT): *"No hay nada nuevo bajo el sol."*

No dice que no hay nada nuevo sobre el sol porque todas las cosas que son nuevas están sobre el sol. Ahí es donde está Dios. ¡Eso es creativo!

Por eso la Biblia habla de un *"cielo nuevo y una tierra nueva"*. Por eso se habla de una *"nueva Jerusalén"*. Todas esas cosas se conciben a partir de entornos creativos—una atmósfera celestial. Así que, cuando entras en el mundo de Dios y Dios te da una Palabra de instrucción, avivamiento acompaña a esa Palabra. Sin embargo, si se predica un determinado método en toda la iglesia y cada congregación local intenta adoptarlo como un programa establecido, por lo normal no funciona. Esto sucede cuando la gente se centra en un método en lugar de en el flujo creativo del Espíritu de Dios.

En otras palabras, esa instrucción particular dada por un hombre de Dios puede haber sido el momento creativo de Dios para una congregación, pero puede no ser el mismo método que Dios quiere usar con cada iglesia (por ejemplo, si un ministro recibe una revelación sobre testificar en su iglesia, ese método puede no ser tan efectivo en otra iglesia que se encuentra en un estado espiritual diferente).

A veces hay una Palabra creativa dada a una iglesia específica durante un "mover de Dios" mediante un hombre o una mujer de Dios, y nosotros tratamos de recibir su Palabra en vez de buscar a Dios para la nuestra.

No tomes ese método como un "lema" para tu iglesia. Sólo toma en cuenta que si Dios le dio al predicador una revelación, debemos tratar de llegar a donde él o ella estaba cuando recibieron la revelación.

Luego, pídele a Dios una Palabra personalizada para nuestra iglesia, ministerio o familia. Deja que la Palabra personal se metabolice y funcione meticulosamente como un recurso.

¿Cómo se consigue el avivamiento? ¡Entra en el mundo de Dios! Dios sabe cómo tener avivamiento. Él sabe cómo atraer las almas de acuerdo con Su Palabra.

"Y yo, si fuere levantado de la tierra, a todos atraeré a mí mismo" (Juan 12.32).

El Señor dice: "Déjame mostrarte cuál fue la señal para Mí mismo. Bajaré, tomaré un cuerpo, lo dejaré morir en una cruz, y atraeré tal atención hacia Mí que ni siquiera notarán que el infierno se mueve."

Jesús captó la atención de un soldado romano. ¿Qué tan difícil es hacer eso? Aquél centurión era responsable por cien soldados, por lo menos; aun así, Dios pudo obtener la atención de alguien que era entrenado escrupulosamente como un oficial del antiguo ejercito romano. El centurión pudo desviar su atención de su deber y darse cuenta de lo que se movía en el Espíritu, y sintonizarse en él.

Ya sea que estás parado junto a una cruz o trabajando como una cajera del banco—casi es igual. Dios puede quitar esa dimensión de lo natural a quien está atrayendo —sólo por un segundo —y ellos pueden oír.

Dios está comenzando a avivar a personas que ni siquiera están en la iglesia todavía, y comenzará a usarlas para proveer entradas, basado en la escritura que dice: "[…] *remecida y rebosando darán en vuestro regazo* […]" (Lucas 6.38). Las bendiciones van a empezar a venir de la gente que nos rodea.

A medida que lleguemos a concluir, levanta tus manos de dónde estás (si puedes) y empieza a hablar con Dios. Tu ambiente lleva una apertura para las personas —quienes no saben como oír a Dios —para empezar a escuchar la voz del Espíritu; será el proceso introductorio para que obtengan milagros, señales y maravillas, para que puedan ser atraídos al Señor Jesucristo — y por la actividad sobrenatural.

Sigue con esta oración:

Señor, por la autoridad de la Palabra de Dios, nos impones estas mociones y nociones en esta hora.

Señor, lo que Tú has articulado por Palabra, por Espíritu, por obra y por ambiente, que se desate y comience ahora a metabolizarse.

Imploremos a que Dios empiece a hacer que la dimensión creativa se convierta en discurso común, que la dimensión creativa se convierta en función común, que la dimensión creativa entre en las iglesias, entre en las familias, entre en las vidas, entre en los ministerios, entre en los trabajos y que entre en las atmósferas en el nombre del Señor Jesucristo.

Por la autoridad de la Palabra de Dios, desato lo creativo en el nombre de Jesús. Desato las obras manifiestas de Dios para que salgan de tus manos, de tu boca, de tus ojos, de tu alma y de tu ser.

En este día que Tú has creado, haz que algunos crucen la línea de lo reaccionario a lo creativo. ¡En el nombre de Jesús!

Agradecimientos especiales

Deseo expresar agradecimientos a nuestra querida amiga, Donna Ten Eyck. Gracias por las muchas horas de lectura, edición, discusión de los conceptos de este mensaje y trabajando con nosotros, asegurándose de que este libro sonara fiel a la integridad de la palabra hablada a través del hermano Elí Hernández. También agradecemos los muchos años de su fiel amistad y apoyo en la oración, incluso hasta su eterna partida a casa de Elí Hernández. Que Dios continúe bendiciendo tu potente ministerio y que bendiga tu vida.

Extendemos también nuestros agradecimientos a los siguientes ministros quienes nos ayudaron con la edición del contenido de esta obra: Pastor Mike Mendenhall, Reverendo Jeffrey E. Brickle, PH.D., Pastor Randy Blizzard y Reverendo Alex Leon. Gracias por tomarse el tiempo de sus ocupados horarios para tomar este proyecto a pecho y sugerir cambios para realizar que este manuscrito se leyera aún mejor.

Gracias, Moriah Sachs, por tu excelente ayuda en la corrección final de este libro. Y gracias, Charity Hernández, por tu ayuda con el diseño gráfico para este proyecto. Ambos han sido de ayuda tremenda, y este libro no se habría completado sin el amable sacrificio de su tiempo y talento.

Muchas gracias a Marilú Martínez por su excelente trabajo al traducir este libro al español. Su ayuda ha sido inestimable para nosotros, y damos gracias al Señor por usted y por su maravilloso talento.

Damos honor especial al Reverendo Gordon Winslow por su contribución al escribir el Prólogo de esta obra. Estamos más qué agradecidos que palabras pueden decir, a pesar de que escribía por nosotros en medio de su propia tormenta. Él era un gran amigo de Elí Hernández. Nuestras oraciones están con su familia y con todos los que se vieron afectados por su poderoso ministerio.

Gracias, Pastor Nonoy Lachica, por facilitarnos el audio de la grabación de sonido del mensaje: *"Creativo o reaccionario"*. Gracias por hospedar la conferencia que lanzó este mensaje del Cielo; que las bendiciones de Dios sean sobre usted y la iglesia *Spirit & Truth Lighthouse*.

Por último, extendemos nuestros muy especiales agradecimientos a todos los que contribuyeron su aprobación de este libro. Amamos y apreciamos a todos ustedes, y le damos gracias al Señor por su amistad la cual deleitaban el corazón del hermano Elí Hernández. Cada uno de ustedes ocupaban un lugar especial en su vida y ministerio. Gracias por tomarse el tiempo para leer esta obra y escribir desde sus corazones y para que otros también se animen a leer y a descubrir. Que el Señor les siga bendiciendo.

Sobre el autor

Elí Hernández era un evangelista internacional. Nació en San José, California en el año1960. Él fue llamado al ministerio por el Espíritu de Dios a una edad muy temprana. A pesar de que su vida tomó muchas vueltas durante su adolescencia y de joven adulto, por fin reconoció su llamado al ministerio en sus tempranos veinte.

Él vino a conocer a su esposa, Kathy, trabajando en la ciudad de *Boston*. Se casaron el año 1984 y, más tarde se mudaron a Houston, Texas, donde Elí y Kathy Hernández, trabajaron como ministros juveniles desde el año1986 hasta 1989. A partir de ahí, el Señor lo llamó al ministerio a tiempo completo como evangelista. Durante los siguientes 30 años, Elí y Kathy Hernández viajaron a través de los Estados Unidos y por el mundo; predicando las Buenas Nuevas del evangelio, anunciando el poder imponente de Dios; presenciando grandes milagros y sanidades; derramamiento de el Espíritu Santo y poderosas manifestaciones de Dios adondequiera que ministraban.

En el año 2016, Elí y Kathy Hernández, junto con su hija, Charity, se mudaron a Las Vegas, Nevada, desde donde siguieron lanzando su ministerio. En el año 2020, mientras viajaba, Elí Hernández contrajo COVID-19. Después de estar cuarenta y cinco (45) días en un ventilador y bajo sedación completo, el hermano Elí Hernández partió de esta vida para su galardón eterno. Innumerables personas lo extrañan; sin embargo, su ministerio sigue bendiciendo a la gente a través de mensajes predicados (muchos disponibles por el Internet).

Un documental sobre su vida titulado: "Hombre de Dios: Elí Hernández", está disponible en YouTube y por el sitio ministerial: revivalinprogress.com

Otras obras por Elí Hernández incluyen los libros: "MANTENIENDO LA OPERACIÓN DIVINA" y "UN MUNDO MÁS ALLÁ DE LAS ESTRELLAS";

(también existen en español) además, un proyecto musico-terapia, titulado: *"Healing Overtures for Physical Enhancement"* (Hope [Oberturas de curación para mejoras físicas])— junto con otros proyectos de música instrumental. Estas obras se pueden encontrar en Amazon, así como en el sitio web: revivalinprogress.com

Made in the USA
Middletown, DE
28 June 2023

34029491R00040